RECIT DE LA VIE DE LA VENERABLE MERE LOUISE CATHERINE VERNAT,

Decedée dans le Monastere de la Visitation des Chaines, le dixiéme May 1689.

A LYON,

Chez ANTOINE ET HORACE MOLIN, vis-à-vis le Grand College.

M. DC. XC.

RECIT DE LA VIE DE LA VENERABLE MERE LOUISE CATHERINE VERNAT,

Decedée dans le Monastere de la Visitation des Chaines, le dixiéme May 1689.

NOS TRES-HONORE'ES ET TRES-CHERES SOEURS,

NOUS ne doutons pas que vous n'attendiez de nous le recit de la vie & des vertus de feu nôtre tres-honorée & precieuse Mere

Loüiſe Catherine Vernat, qui a été le principal mobile de l'établiſſement de céte troiſiéme Maiſon de nôtre Ordre dans céte Ville de Lyon, laquelle ſoit en qualité de Directrice ou de Superieure dépuis ſon commencement qui fut le vingt-çinquieme Septembre de l'année mille ſix cent quarante un, juſqu'à ſa mort arrivée le dixiéme May 1689. a paru à nos yeux, & de tous ceux qui l'ont connuë, par les belles lumieres dont Dieu l'avoit gratifiée, pour vous amener à lui, tout ainſi que céte étoile brillante qui conduiſit les Mages au berceau du ſaint Enfant Ieſus, & a été pour nous ſemblable au ſaint Ange Raphaël qui prit tant de ſoin de la conduite du petit Tobie, pour lui faire éviter toutes les embûches de Satan, & le ramener heureuſement entre les bras de ſon bon Pere vrai ami de Dieu: Car nous devons dire qu'aprés lui cette Maiſon telle qu'elle eſt, tant pour le ſpirituel que pour le temporel, en a toutes les obligations aux lumieres & aux ſoins infatigables de céte devote Conductrice de tant d'ames qui ont militez soûs sa conduite, a été un modelle, & un exemplaire si parfait de toutes sortes de vertus, & si pleine des maximes de la Doctrine Evangelique, qu'il nous faudroit faire un gros volume pour en donner à vos Charitez une idée accomplie. Nous nous contenterons de vous dire qu'elle a été de ces amies choisies de Dieu, hors du commun, pour être un instrument propre à ses desseins éternels, pour le salut de plusieurs ; sa bonté divine l'ayant gratifiée de dons de nature, & de grace tres-singuliers, & sur tout de celui de toucher les cœurs & les attirer à Dieu par la force de sa parole, & les puissans charmes de ses éxemples. Elle êtoit native de Bresse d'un Bourg apelé Meyssimieu, de parens nobles & commodes en biens de fortune, mais beaucoup plus remplis de merites par leurs vertus; Madame sa Mere qui êtoit de la noble Maison de la Palus l'obtient de Dieu par ses prieres, & aumônes, aprés pluſieurs années de ſterilité comme fit autrefois Anne mere du petit Samuël, dans le deſſein de faire à Dieu un Sacrifice de ſa fecondité s'il lui faiſoit la grace d'exaucer ſes vœux & ſes ſouhaits. Sa divine bonté riche en miſericorde & en bienfaits, écouta & contenta ſes deſirs en la rendant Mere d'une Fille dont il vouloit ſe ſervir pour ſa gloire. Elle vint au mõde le jour des Morts deuxiéme Novẽbre mille ſix cent cinq, pour ſignifier qu'un jour elle ſeroit morte à toutes les vanitez de la terre & à elle-même, pour ne vivre plus qu'à lui, & pour lui. Sa naiſſance combla toute ſa Famille de joye & de contentement. Et ſi tôt qu'elle fut en âge capable des inſtructions d'une ſainte & chrêtienne education, ſes parens, & ſur tout ſa dévote Mere, prirent un ſoin tout particulier de les lui donner, & de lui faire ſuccer quaſi avec le lait la pieté, la crainte de Dieu, & une tres-grande & tres-grave modeſtie ſans faſte & ſans vanité mondaine, qui a été dés ſes plus tendres années l'objet de ses repugnances & de son mépris. Dans ses commancemens on remarquoit en elle un solide jugement, un esprit vif, & une grande disposition pour la pratique des vertus chrêtiennes, ce qui a été toute sa vie son principal caractere. Sa pieuse Mere qui avoit desir qu'elle prit attrait pour la vie religieuse pour satisfaire à l'intention qu'elle avoit euë en la demandant à Dieu, la presenta à Nôtre Venerable Mere Marie Jaqueline Faüre sa proche parente, lors qu'elle passa par Bourg allant à Lyon pour l'établissement de nôtre Monastere de Belle-Cour en forme de Religion, laquelle l'entretint assez long-temps, & conceut des grandes esperances, qu'un jour cét enfant seroit une grande servante de Dieu, de quelle maniere qu'il plût à sa divine Providance d'en disposer. A l'âge de dix à onze ans Madame la Comtesse de Monchat qui aimoit tres-particulierement Madame sa Mere la lui demanda pour être élevée de sa main comme son propre enfant ; ce que céte bonne Dame ne lui peut refuser, quoi que ce fut l'unique fruit de ses entrailles, & la plus forte attache de son cœur : Elle la lui confia d'autant plus volontiers que Monsieur Devaine Archidiacre & Comte de Lyon son Beau-Frere qui l'avoit tenuë sur les saints fonds de Baptême, la préssoit pour faite ce dépoüillement en faveur de sa belle-Sœur. Ce qu'elle accorda à ces deux illustres Personnes qui faisoient tout leur plaisir de voir combien leur peine profitoit pour perfectionner céte jeune plante que répondoit parfaitement à tous leurs soins, & leur donnoit une joye indicible par sa docilité à suivre & mettre en pratique leurs instructions , & à imiter les grands exemples de vertu de Madame la Comtesse qui s'est faite distinguer en son temps par son insigne pieté. Ce qui la faisoit rendre imitatrice de céte Illustre Maîtresse n'étoit pas une affectation simulée de pieté, de modestie, & de sagesse, pour complaire à Madame qui l'aimoit tendrement;

car elle n'a jamais ſçeu feindre ni diſſimuler ; mais c'êtoit par une forte inclination, & une grande diſpoſition naturelle au bien, & à la fuite de tout ce qui peut tant ſoit peu ternir la reputation d'une Fille ſage & bien élevée, dont les occaſions ſont ſi frequentes dans les grandes Maiſons de qualité. Tant de de beaux commancements de vertus paſſerent bien-tôt au cruſel, & à la coupelle des fâcheux accidens de la vie humaine ; car à l'âge de quinze ans, elle perdit Madame ſa Mere, ce qui fit une tres-douloureuſe playe dans ſon cœur plein d'amour & de tendreſſe pour elle. Monſieur ſon Pere s'étant remarié tres-deſavantageuſement, elle vit tomber ſa Maiſon paternelle dans une entiere deſolation par les procez, les mauvais ménages, & la méchante conduite que ce malheureux mariage y avoit attiré. Aprés ces deſordres elle vit encore mourir de chagrin & d'ennuy ſon pauvre Pere chargé de trois ou quatre enfans de ce ſecond lit. Tous ces accidens lui fournirent de puissants motifs de resignation & abandon total à la Divine Providence pour dire avec Job, Dieu l'avoit donné,& Dieu l'a ôté, sa sainte volonté soit faite. De tous ces débris à peine pût-elle conserver une partie de la dotte de Madame sa Mere;les secretes de la sagesse divine sont admirables,& ont toujours des fins tres avantageuses pour nôtre salut. Si tous ces fâcheux accidens de famille ne lui fussent pas arrivé, peut-étre auroit elle donné au monde ce que Dieu vouloit qu'elle lui donnat.Quoi que ce soit, Elle ne perdit jamais la confience en sa divine bonté,& fit un grand usage des lumieres de sa grace, & de ce dépoüillement des biens de la terre. Madame la Comtesse de Moncha qui l'aimoït comme son porpre enfant la consoloit dans toutes ces disgraces, lui prometant de ne la jamais abandonner, & de la loger aussi avantageusement qu'elle l'auroit peu soühaiter dans la plus grande prosperité & la parfaite possession de tous les biens de ſa Famille rüinée. En effet pluſieurs Gentilhommes qüi frequentoient céte illuſtre Maiſon, prirent de fortes inclinations pour elle, plûtôt à cauſe de ſon grand eſprit, de ſa vertu, & de ſon merite, que poúr ſon peu de bien. Nous luy avons oüi dire qu'elle fut promiſe par Madame la Comteſſe qui lui tenoit lieu de pere, & de mere, par trois diverſes fois à trois Gentilhommes riches qui pretendoient l'épouſer au retour de leurs campagnes, où il furent tuez tous trois l'un apés l'autre. La mort du dernier qui avoit un grand merite, & qui ètoit fort ſelon ſon inclination, ayant pour céte chere Demoiſelle un grand attachement, lui faiſant eſperer des grandes poſſeſſions, lui deſilla les yeux. & lui fit comprendre qüe Dieu avoit d'autres déſſeins ſur elle. Et ſans les penetrer plus avant, aprés une meure deliberation devant lui, elle ſe réſolut de faire vœu de perpetuelle chaſteté. Ce qu'elle fit de l'avis & entre les mains d'un tres-docte, &

grand ſerviteur de Dieu ſon directeur, Curé de S. Rambert, où Madame la Comteſſe & Monſieur l'Archidiacre ſon beau-Frere faiſoient leur ſéjour une grande partie de l'année cét engagement à Dieu d'une bonne partie d'elle-même ne changea rien à ſa maniere exterieure de vie, & ne fit ſeulement que la rendre plus attentive & fidelle aux pratiques de vertus, ſur tout de celles de la charité envers les pauvres, & à la viſite des malades qu'elle ſervoit ſouvent de ſes mains, de quel mal qu'ils fuſſent atteins ſans crainte ni aprehenſion. Environ ce tems-là, la peſte qui fit tant de ravage és années 1628. & 1629 dans la Province du Lyonnois, & en quantité d'autres parties du Royaume, n'épargnât pas la petite Ville de ſaint Rambert, où toute la maiſon de Monſieur le Comte de Moncha s'étoit retirée, quelques-uns des domeſtiques en furent atteins & en moururent. Elle méme ayant eu quelques accidens de fiévre on l'en crût ataquée, & fut ſeparée comme infectée.

Pen

Peu de jours aprés le fils aîné de la maiſon qui étoit un jeune Gentilhomme bien fait & de grande eſperance en fut veritablement attaqué ; l'apprehenſion de le perdre donna de vives attraintes de douleurs à Meſſieurs ſes pere & mere qui le regardoient comme l'apuy & le ſoutien de leur Famille : Nôtre tres-courageuſe Demoiſelle qui avoit beaucoup d'attachement pour tout ce que Madame la Comteſſe aymoit, & une parfaite affection & eſtime pour ce jeune Seigneur, s'offrit de s'expoſer pour le ſervir, ce qu'elle fit tout le tems que dura ſa maladie, avec une intrepidité merveilleuſe, luy penſant elle même ſes bubons qui étoient tres-malins, luy faiſant ſes boüillions, luy preparant ſes remedes, & dans les grandes revéries de ſa fievre, elle ſe tenoit à ſon chevet de lit ſans aucune crainte de le manier, le nettoyer, & luy rendre tous les ſervices neceſſaires en telle rencontre, tant pour l'ame, que pour le corps, juſqu'à ſa mort qu'elle ressentit aussi vivement que Madame, & Monsieur le Comte son pere. Ce nouvel accident lui reveillât quelques pensées passageres qu'elle avoit eu pour un engagement en géeéral de la vie Religieuse, qui faisoit toûjours tres-peu d'impression sur sa volonté, son plus fort penchant étant l'attache forte qu'elle avoit pour Madame la Comtesse, car elle aymoit fortement ce qu'elle aymoit. Madame luy disoit souvent, qu'il n'y avoit que la mort qui les deusse separer, puis qu'elle sçavoit qu'elle avoit renoncé au Mariage, & avoit consacré son cœur à Dieu par le vœu de Chasteté. L'idée de ce genre de vie avec Madame, qui étoit une perle de vertu, & qui s'appliquoit à toutes sortes de bonnes œuvres conformes à son état, luy plaisoit beaucoup, & sans reflêchir plus loin, il luy sembloit qu'elle y étoit entierement déterminée. Mais Dieu dont les adorables desseins ne sont pas toûjours conformes aux nôtres, quels bons & justes qu'ils nous paroissent, en avoit d'autres sur cette chere Ame, & vouloit non seulement le present de de ces fruits nouveaux, & printaniers qu'elle luy avoit presenté par son vœu de Chasteté; mais encor tous ces fruits de garde & de reserve que la sainte Amante appelle au chapitre cinquiéme des Cantiques, les pommes anciennes, ou les dernieres cueïllies, & qui sont le plus de garde, qu'elle avoit reservées pour son Bien aymé, qui pouvoient croître, & être cueïllies dans son Iardin. Sa sagesse infinie qui fait de tout bois flêche, pour nous attirer à luy, l'affligea d'une tres-grande, longue, & tres-dangereuse maladie, qui la reduisit aprés beaucoup de douleurs & d'ameres souffrances à l'article de la mort, & fut abandonnée des Medecins & de tout le monde, aprés qu'on luy eut fait administrer les Sacremens qu'on donne dans ce peril aux vrais enfans de l'Eglise, qu'elle reçeut avec grande devotion, & un parfait, & total abandon de soy-même à la volonté Divine: Le Seigneur qui vouloit quelque chose de plus de sa Servante, luy donna petit à petit un peu de santé, mais fort languissante, & Madame la Comtesse en prit, & en fit prendre tant de soin qu'on la remit enfin hors de danger : Monsieur le Curé de saint Rembert, ce Sage, Sçavant & devot Directeur, dont nous avons parlé, en qui elle avoit une entiere & parfaite confiance, ménagea tous les momens favorables, sitôt qu'il vit quelque esperance à sa guerison pour luy faire comprendre que ce genre de vie qu'elle se figuroit étoit plain de peril, & d'incertitude, que Madame la Comtesse pouvoit nourrir devant qu'elle, que la volonté humaine est si deambulatoire, que souvent ce qui nous plaît le matin, nous le haïssons le soir, que dans le monde les occasions de ne pas perseverer dans ces bons propos sont presque toûjours prochaines, sur tout dans les grandes maisons qui sont frequentées par tant de diverses personnes dont pour l'ordinaire les plus vertueux ne peuvent pas se promettre sans temerité de n'être point ébranlés de leurs bonnes resolutions. En un mot, il luy fit comprendre que l'état fixe, solide & permanant de la Religion étoit quelque chose de plus convenable pour elle & pour son Salut, que l'état de vie qu'elle avoit dans son idée, & luy préscrivit quelques tems pour faire des serieuses reflexions sur ce qu'il luy disoit, & pour demander les vrais lumieres à Dieu, & la grace de la vouloir déterminer luy-même. Elle a avoüé qu'elle sentît des grands combats en céte rencontre: D'un côté sa liberté qu'elle aymoit beaucoup, parce qu'elle croyoit de n'en pas faire un mauvais usage, l'attache qu'elle avoit pour Madame la Comtesse dont elle sçavoit d'être aymée comme si elle eut été son propre enfant, firent d'étranges tintamarres dans son pauvre cœur encor indeterminé: Mais enfin aprés une Communion, où elle remit son ame agitée entre les mains de ce débonnaire Redempteur, elle se trouva dans un moment dans un parfait calme, & si fortement resoluë de prendre le parti de la Religion, qu'elle s'en declara à son pieux Directeur, & le pria de vouloir la déterminer pour l'endroit, & l'Institut qu'il connoissoit être plus convenable à sa complexion delicate & à ses infirmités qui ont toûjours été tres-grandes; car elle n'avoit jamais frequenté Maison Religieuse, & bien que Madame la Comtesse, quand elle étoit en cette ville, rendit souvent des visites à divers Monasteres de filles, elle ne sortoit jamais du Carrosse, attendant que Madame eut fait sa visite, tant elle avoit de repugnance pour les Religieuses. Monsieur son Directeur qui avoit une haute estime & veneration du grand saint François de Sales qu'il avoit veu & connu tres-particulierement, & nôtre Chere Demoiselle l'avoit veu souvent chez Monsieur le Comte Demoncha, où il alloit faire des visites, & même l'avoit oüy prêcher à

Dijon un Carême, l'obligeat de luy proposer d'entrer dans son Institut qui étoït dans une grande reputation, luy mit en main ses saintes & admirables constitutions qu'elle leut, & releut diverses fois, & comme elle avoit déja beaucoup goûté sa Philotée qui étoit le Livre le plus familier de son temps aux devotes, elle prit enfin une forte resolution de se consacrer à Dieu dans nôtre saint Institut. La difficulté de demander place, & de faire agréer son dessein à Madame luy fit de la peine. Son devot Directeur se chargea de l'un, & de l'autre, il vint donc en cette Ville parler à nôtre tres-precieuse Mere de Blonay alors Superieure de nôtre Monastere de Bellecour avec laquelle toutes choses furent conclues selon ses souhaits; il trouva des grandes difficultez du côté Madame de Monchat qui fût étrangement surprise de céte nouvelle, & n'épargnat rien de tout ce qu'elle pût s'imaginer pour la faire changer de resolution, les caresses, les promeſſes, le ſouvenir des paroles données de ne ſe ſeparer que par la mort, la confirmerent bien de la forte amitié de Madame pour elle: mais ne l'ébranlerent point de ſon bon deſſein. Enfin aprés dix ou douze jours de combat qu'elle ſoûtint avec une force admirable contre ſa Chere Bien-faƈtrice, & tous ceux de la Maiſon qui s'étoient mis du party de Madame, laquelle, comme nous avons dit, étant tres-pieuſe, connoiſſant par toutes les épreuves qu'elle avoit fait à céte Chere Demoiſelle que ſa vocation étoit de la Grace, y donna les mains, & voulut elle même la conduire dans la maiſon du Seigneur. Elle entra dans nôtre Monaſtere de Bellecour, le onziéme Août, mil ſix cent trente deux âgée de vingt-ſix ans & neuf mois. Céte ſeparation fût tres-ſenſible à l'une & à l'autre, & Madame en l'embraſſant eut le cœur ſi ſerré qu'à peine luy peut elle dire adieu; Si-tôt qu'elle fut entrée nôtre Mere de Blonay luy ôtat ſon maſque, ſon évantal, & ses gans, & les jetta negligemment sur une pierre du cloître pour commencer à luy apprendre le dépoüillement du cœur & toutes les vanités mondaines. Le tout fût laissé long-temps au même endroit où elle passoit fort souvent sans y jetter la veüe, huit jours aprés son entrée on la mit dans les exercices, & fit son essay avec autant d'application d'esprit que la plus parfaite Religieuse, se disposant à prendre le saint Habit de Novice le jour de la Nativité de la Vierge, pour commencer à son honneur de vivre d'une nouvelle vie dans sa sainte Maison. La solemnité de sa Véture fût beaucoup remarquable, non seulement par l'Holocauste & le Sacrifice qu'elle faisoit de son cœur, & de sa liberté à Dieu, mais encore par la presence de Nôtre Roy Tres-Chrétien, Loüis XIII. d'heureuse memoire, qui se trouvât en cette Ville avec la Reine & toute la Cour. Elle eut l'honneur d'être nommée par sa Majesté qui luy fit celuy de luy donner ſon nom. Quand elle ſe vit revêtuë de la Livrée des épouſes de Jesus-Christ, elle creut que ce changement l'obligeoit à changer de mœurs, & de façon de vivre ; ce qu'elle n'eut pas beaucoup de difficulté d'entreprendre, étant fort ſtilée & diſpoſée à la pratique des vertus : Et ſur tout à cette eſpece d'obeïſſance des Devotes du Siecle, que l'inclination naturelle pour l'ordinaire rend agreable à la plûpart, qui ſe font un point d'honneur de ſe diſtinguer des autres par une certaine maniere de devotion qui eſt le plus ſouvent le nid de l'amour propre, le voile d'une tres-fauſſe humilité, & la retraite di l'orgueil le plus ſubtil. Quoy que celle qu'elle pratiquoit au monde, ne fut pas de ce caractere, elle trouva neanmoins bien de la differance de celle-là, à celle de la Religion, où tout le monde eſt muet pour applaudir à ce qu'on fait, où perſonne ne loüe, où perſonne ne prend conſeil des Devotes. où perſonne ne ſe recommande à leurs prieres, où pour bien que l'on croit de faire, on y trouve toûjours à critiquer, ou à corriger : Céte nouveauté de vie eut besoin de toutes les forces de la grace, & de la solidité de son jugement ferme & courageux, à ne pas démordre de ses entreprises quand elle les croyoit bonnes : Car il faut avoüer que le trajet du Siecle au Sein de la Religion, quoy qu'on le fasse à la faveur du vent de la Grace; est comme certains endroits de la mer qui ne sont jamais exempts d'orages & de tempêtes : La Nature qui y trouve des maximes s'y opposées à celles du monde, & le démon ennemy juré de ceux qui veulent suivre Jesus-Christ, rarement laissent-ils ce passage dans le calme. Ce changement de vie luy paroissoit une terre inconnuë, où elle désesperoit de se pouvoir apprivoiser, & estimoit beaucoup plus heureux & parfait l'état qu'elle venoit de quitter, l'attache qu'elle avoit à son Devot Directeur, &

l'amitié de Madame la Comtesse lui venoient incessament dans l'esprit, & toutes les mortifications qui se pratiquent dans la Religion lui paroissoiēt des bagatelles, & niaiseries, & elle avoit généralement un grand dégoût pour toutes nos saintes observances dont elle ne penetroit pas encore que Dieu se sert de ces foibles moïens pour nous faire arriver au parfait renoncement de nous-mêmes, & faire mourir tout l'amour propre : Ce qui êtoit cause que quoi qu'elle fit tout ce qu'elle voyoit faire aux autres, & que l'obéïssance lui ordonnoit, c'êtoit néanmoins avec des ennuis, secheresses, aridités, & des épines si cuisantes, qu'elle êtoit sur le point d'y succomber. Nôtre precieuse Mere de Blonay sa Superieure, qui l'aimoit beaucoup, & qui l'observoit en toutes ses manieres, la regardant comme un sujet en qui elle remarquoit des grandes dispositions pour le service de Dieu & de la Religion, l'apéla un jour à part, & lui dit fortement, qu'avez vous, ma chere Sœur, je connois que

que vous avez dans l'eſprit des choſes qui vous pénent. Céte chere Novice qui portoit ſon cœur en ſa main,& qui avoit une eſtime toute particuliere de céte digne Superieure qui étoit doüée de grands talens de nature, & de grace pour la conduite des ames, lui découvrit avec une grande ingenuité, & naïveté comme d'un enfant, tous les combats & peines de ſon eſprit, & aprés un long diſcours qu'elle lui fit de l'excellence & du prix que la conſecration Religieuſe donne par le moyen des trois vœux, à toutes les plus petites pratiques des ſaints Reglemens de la Religion, dont cette Mere tres-éclairée convainquit ſa raiſon & ſa volonté, nôtre chere Novice en demeura ſi penetrée qu'elle s'en fit une regle pour toute la conduite de ſa vie, non pas ſuivant les maximes humaines & politiques, mais ſuivant une grande penetration par le moyen des lumieres d'en haut, que Dieu ſe veut ſervir de ces moyens pour faire mourir en nous tout ce qui eſt d'humain, &

n'y laiſſer vivre que ſon divin amour. Auſſi dépuis ce tems-là par l'eſprit de la ſeule foy & ſans autre goût que celui de faire la volonté de Dieu, elle ſe rendit un parfait exemplaire de l'obſervance Religieuſe, & les moindres manquemens contre icelle lui paroiſſoient de grandes infidelitez en elle & en autrui. Et cét eſprit d'exacte obſervance l'a accompagnée juſqu'au Tombeau. De ces principes tout divins, on vit éclore dans la ſuite de ſon Noviciat, un grand fondement d'eſtime de ſon état & de ſa vocation, un courage invincible, pour paſſer ſur toutes les difficultez, qui ſe rencontrent à la pratique des aſujetiſſemens qui aneantiſſent, & captivent tout ce qui eſt d'humain en nous, ſous le doux & aimable joug de la Croix. Dépuis ce tems-là elle ſe rendit remarquable par ſa fidelité à toutes nos ſaintes pratiques. En telle ſorte que nôtre tres-honorée Sœur de la Grange ſa directrice, ne trouvoit point de matiere pour la reprandre

& corriger. Et comme dans ces commancemens de nôtre Institut nos Meres anciennes, & les Maîtresses des Novices, n'êtoient que flâme, & ferveur pour bien éprouver celles qui s'engageoient à la vie Religieuse, céte devote & fervante Directrice inventoit quelquefois des sujets de mortification pour éprouver sa docilité, soûmission, & obéissance, & rencontroit toûjours l'esprit de sa chere Nouice dans l'assiete d'une parfaite dépendence, sans murmure ni repugnance. Nôtre tres-digne Mere de Chantal faisant un voyage passât par nôtre Monastere de Belle-Cour en ce tems-là, elle l'entretint diverses fois en particulier, & dit à la chere Mere de Blonay qu'elle eut bien soin de cultiver céte plante, & qu'elle en esperoit de bons fruits en son temps. Celui de faire la sainte Profession êtant arrivé, elle se disposa avec une merveilleuse ferveur à faire cét entier sacrifice au Seigneur, qui l'avoit si misericordieusement atirée dans le sein de la sainte Religion, qui êtoit l'Arche Sacrée de son salut.

Elle se fit une si grande idée de céte sainte action, qu'elle disoit qu'il faloit étre un Ange pour la faire comme il faut, puis qu'elle élevoit la creature en quelque maniere au rang de ces celestes Intelligences. L'année de son Noviciat justement fini, elle prononça ses vœux avec un cœur embrazé d'amour pour son Dieu qui l'a combla d'une joie indicible, & d'un grand calme & consolation interieure. Ne se regardant plus que comme une victime sur laquelle le Seigneur avoit daigné jéter les yeux de ses misericordes. Peu de tems aprés sa Superieure qui avoit un grand discernement des talens divers des filles qui étoient sous sa conduite, lui donna la charge de Maîtresse des jeunes filles pensionnaires qui portoient toutes le petit habit en ce tems-là. Mais elle l'en retita bien-tôt, & la nomma à la charge de Dépenciere. Et quoi que les grandes maladies, dont elle avoit été travaillée dans le siecle, eussent beaucoup affoibli ses forces,

& sa vigueur corporelle, elle se donna neanmoins un grand courage pour satisfaire à tous les devoirs de cét emploi. Elle se rendit remarquable par sa grande charité pour les infirmes, & par son exactitude à suivre fidellement le Directoire de cét emploi, n'ometant rien de ce qui dépendoit des soins pour satisfaire à toutes les necessitez du prochain. Et l'on remarquoit que c'êtoit un grand fonds d'amour de Dieu, & d'une vraie charité chrêtienne qui la rendoit si fidele à remplir tous ses devoirs. Celles qui l'ont veuë dans le commencement de sa carriere Religieuse, remarquoienten elle un esprit tout-à-fait separé du monde, & de ses maximes, toûjours fort recueillie, & totalement apliquée en tout ce qu'elle faisoit dans l'ordre de l'obéissance, dont elle ne se départoit jamais. On lisoit sur son air froid, grave & modeste, un je ne sçai quoi de si judicieux & prudent, que sa Superieure & & sa chere Maîtresse, lui demandoit souvent ſes ſentimens, en beaucoup de rencontres, où les lumieres d'autruy ſont neceſſaires pour agir prudemment & chrêtiennement, & n'avoit aucune reſerve pour elle, tant elle faiſoit cas de ſa penetration aux afaires & de ſa droiture.

Le ſecond Trianal de nôtre Venerable Mere de Blonay êtant fini, ſon cher Monaſtere d'Annecy, fit élection de ſa perſonne, & l'enleva à nôtre cher Monaſtere de Belle-Cour, non ſans faire une étrange alteration aux cœurs de toutes ſes cheres Filles, qui ne pouvoient ſe conſoler de céte ſeparation. Sur tout nôtre chere Mere, qui nous a ſouvent dit, qu'elle devoit aprés Dieu, à céte precieuſe Mere, l'afermiſſement & l'eſtime de ſa vocation avec la connoiſſance de toutes les ſaintes maximes dont elle s'eſt ſervie, dépuis ſi utilement pour ſa conduite & pour le bien & l'avancement à la perfection des filles, que Dieu a mis ſoûs ſa direction. Nôtre tres-honorée Mere Querard Profeſſe de nôtre premier Monaſtere de Belle-Cour, qui avoit été choiſie pour être du nombre de celles qui commancerent la fondation de nôtre Monaſtere de l'Anticaille, fut éluë pour remplir ſa place. C'étoit un tres-digne ſujet dont Monſeigneur le Cardinal de Lyon, Nôtre Illuſtre Prelat d'heureuſe memoire, avoit beaucoup d'eſtime, avec juſte raiſon : ſa vertu, ſa capacité pour la conduite & les ſervices qu'elle a rendu à trois Monaſteres de nôtre Ordre, ſont des preuves inconteſtables que ſon eſtime n'étoit pas mal fondée. Si-tôt que céte nouvelle Superieure fut confirmée, ſon Eminence qui avoit pris connoiſſance des Filles propres à ſervir la Religion utilement, trouva à propos qu'elle mit céte chere Sœur à l'économie. Cét emploi qui regarde le maniement d'une partie du Temporel, pour en faire une diſpenſation judicieuſe, prudente, & charitable à une Communauté, demande non ſeulement ce qui eſt neceſſaire absolument pour être bonne Religieuse, mais encore une certaine intelligence aux affaires dont toutes les Filles ne sont pas capables. Elle qui croyoit de n'en point avoir du tout, s'en excusa tout autant qu'elle peut, & tacha de representer à sa Superieure, & à mon dit Seigneur, son peu de talent & son incapacité pour cét emploi : Mais l'obéissance contre laquelle elle n'avoit point de replique, ferma la bouche à toutes ses raisons. Sa Superieure qui étoit tres-judicieuse, & capable de tout, trouva en elle des grandes dispositions pour s'aquiter avec son aide dignement de sa charge, à laquelle elle se donna toute entiere. Elle Fille d'Ordre pour les besoins du dedeans, exacte à l'observance, vigilante & charitable pour toutes les necessitez des particulieres, sans embarras, & sans trouble pour toutes les afaires épineuses du dehors & toujours dans ces fonctions diverses, on pouvoit dire d'elle comme disoit Saint Augustin, *que l'a-*

mour êtoit ſon poids, & qu'en quelque lieu, que ſon cœur ſe portât, c'êtoit l'amour de Dieu & du prochain, & le zele de ſa perfection qui diſpoſoit de tous ſes mouvemens. Elle exerça céte charge, à la ſatisfaction univerſelle de toute la Communauté, juſques à ce qûe la divine Providence diſpoſa d'elle de la maniere que nous allons dire.

Nôtre petit Inſtitut qui, poûr ainſi dire, ne commançoit que de naître, jetoit neanmoins par tout le Royaûme de ſi ſuaves exhalaiſons de l'eſprit de charité qui y regne, & de la conduite douce & ſolide, avec laquelle on y éleve à la perfection chrêtienne, les ames que Dieu y apelle, attira à lui Mademoiſelle de Montuert, native du Bujay ſeule héritiere de la Maiſon du Sieur Melchior Demontuert, Bourgeois de Lagnieu & parente de nôtre chere Defunte. Laquelle Demoiſelle avoit une Sœur Profeſſe, dans nôtre Monaſtere de Belle-Cour. Elle y entra ſoûs aparence d'une ſimple visite, aprés y avoir demeuré quelques jours elle découvrit son dessein à nôtre chere Mere sa Cousine, qui étoit d'embrasser l'état Religieux dans la pensée de suivre le conseil qu'elle luy donneroit. Mais aprés avoir penetré toutes ses dispositions Spirituelles, & Temporelles, elle luy conseilla de s'en découvrir à quelques personnes de pieté, qui l'a trouvans ferme en sa vocation, & Maîtresse absoluë de ses biens temporels qui étoient assez considerables pour luy faire donner la qualité de Fondatrice d'une troisiéme Maison de la Visitation dans céte Ville. A la premiere ouverture qu'elle en fit à céte chere Demoiselle, elle en tressaillit de joye, & dit qu'elle s'estimoit heureuse de pouvoir sacrifier à Dieu, sa personne, & ses biens; mais qu'elle ne les croyoit pas assez grands pour luy pouvoir donner la qualité de Fondatrice, & qu'il suffisoit, que Dieu, & la sainte Religion les acceptât avec sa personne pour tel usage que l'on trouveroit à propos. On en fit l'ouverture à feu Monſeigneur le Cardinal de Richelieu, qui s'y opposât abſolument, ne voulant pas entendre parler de faire une troiſiéme Maiſon de nôtre Ordre, & qu'il ne permettroit jamais cét établiſſement. Le courage de nôtre chere Mere, & le deſir qu'elle avoit pour la gloire de Dieu, ne s'étonnat point, au contraire ces difficultez luy firent eſperer un bon ſuccez. Elle eut recours à Nôtre Seigneur pour flechir le cœur de cét Illuſtre Prélat, & celuy de tous ceux qu'elle ſçavoit qui s'y opoſeroient, par pluſieurs Meſſes, & prieres que l'on fit dire pour cét effet. Monſeigneur l'Archevêque de Vienne ſe trouvant en céte Ville, l'on luy fit voir céte genereuſe Demoiſelle; & l'on luy dit toutes les opoſitions que l'on aportoit à céte fondation, ce qui l'obligeat à luy offrir à faire ladite fondation dans ſa Ville. Monſieur De-Ville Grand Vicaire de ſon Eminence, & fort zelé pour cét œuvre luy en parla ſouvent mais il n'avançoit rien, non plus que tous ceux que l'on prioit. Vn jour il luy parlat si à propos, & luy fit connoître le dessein que Monseigneur de Vienne avoit pour sa Ville, qu'il le fit resoudre à permettre céte Fondation, & vint en même tems à nôtre Monaste de Belle-Cour, & parlat à nôtre chere Demoiselle qu'il trouvat si fort à son gré, & si bien disposée pour céte grande & sainte œuvre, que sur l'heure il fit apeller la Supérieure, & nôtre vertueuse Mere, qui receut une sensible consolation, de voir comme le Seigneur avoit travaillé, & disposé les esprits, qui avoient été les plus contraires à cét établissement. Son Eminence voulut prendre la peine de chercher une Maison propre pour cela, l'on lui en fit voir plusieurs tres-belles, mais il ne s'en trouvat point de plus belle ni mieux située pour le bon air, & beau promenoir, que celle que nous habitons maintenant. L'estime que ce digne Prélat avoit de nôtre precieu-

se

ſe défunte, le porta à vouloir qu'elle vint en qualité de Superieure; mais pluſieurs raiſons que la charité nous oblige de taire, l'en empêcherent. La digne Mere Querard, & les Sœurs Conſeilleres, choiſirent pour remplir céte place, nôtre tres-honorée Sœur Anne Marie Pillet, deposée de nôtre Monaſtere de Ville-Franche, avec cinq de ſes cheres Filles profeſſes, les plus propres pour donner commencement au ſaint Ouvrage dont la Divine Providence avoit jetté les Fondemens, pour en faire une veritable Arche de Salut à un grand nombre de Filles que Dieu y a attiré, & attire tous les jours. Nôtre chere Défunte fût une des principales prieres de ce nouvel Edifice, & fût miſe d'abord Directrice, Conſeillere, & Surveillante, & par deſſus, la charge du ſoin des ouvrages, luy connoiſſant beaucoup de vivacité, d'activité, d'obſervance, & de vigilance pour toutes choſes. Céte petite Communauté ſe trouva en peu de tems fort nombreüse, par quantité de postulantes & pretandantes qui attendoient avec impatience ce nouvel établissement. Parmy tous les embarras qui les accompagne ordinairement ; nous pouvons vous assurer, nos tres-honorées Sœurs, comme témoins oculaires, que nôtre chere nouvelle Directrice, n'omit jamais rien des exercices de la Religion, tenant ces noviciaux regulierement à ces Novices & pretendantes qui se trouverent à moins de six mois, jusques au nombre de trente, avec un zele, & une assiduité incomparable. Ses instructions étoient toutes de feu, & de flâme, pour nous encourager à être fideles à la grace, & travailler à remplir tout de bon nos devoirs, & toutes les obligations de l'état où Dieu par sa misericorde nous appelloit. Elle possedoit parfaitement les Ecrits de nôtre saint Fondateur, & ses admirables Maximes, & enseignemens, n'ayant attrait de faire ses lectures que dans ses livres, & du saint Evangile, dont elle tiroit de grandes forces, & lumieres, ayant un talant merveilleux pour nous imprimer l'amour, & la crainte de Dieu, & la fidelité à l'observance de nos saintes Regles. Elle avoit un particulier discernement de la qualité du Naturel, & du genie des filles qu'elle avoit en charge, s'accomodant avec une patience, & une charité indicibles à la portée de chacune, ayant toûjours l'œil ouvert à nos besoins, tant pour le corps, que pour l'esprit. Quelques-unes qui sont mortes en odeur de Sainteté, nous ont avoüé que si leur charitable Maîtresse, n'eut pas pénétré ce qu'elles ne vouloient pas luy découvrir, elles n'auroient pas perseveré dans leur vocation, ayans pris toutes leurs mesures pour retourner au Siecle. En nous regardant seulement, elle connoissoit s'il y avoit du trouble dans nôtre interieur. Vn jour une de ses Novices allant par le Monastere, fut rencontrée par sa chere Maîtresse, qui l'envisageant, la frapa doucement au front, & luy dit, mon cher enfant, gardez-vous bien de ſuivre vôtre tentation, vous penſez de faire banqueroute à Dieu,mais vous ſeriez éternellement malheureuſe, ſi vous executiez, ce que vôtre ennemy vous ſugere. Ce qui ſurprit étrangement céte Novice, elle lui avoüa ingenüement qu'il êtoit vray, & aprés un ſaint entretien qu'elle luy fit ſa peine fut entierement diſſipée : Une autre de ces Novices êtant dans la réſolution de retourner au monde, ce qui ne luy donnoit répos ni jour ni nuit, elle alloit à tout heure trouver ſa bonne Maîtreſſe, pour lui demander ſa ſortie : Dieu lui fit connoître qu'il falloit parler fortement du jugement de Dieu, & qu'elle lui demanderoit conte à ce grand jour des graces qu'elle auroit receu de ſa bonté, & de ſa vocation, ſi par ſa faute elle la perdoit. Ces paroles firent une ſi puiſſante impreſſion ſur l'eſprit ſouffrant de céte Novice, que d'abord elle ſentit un ſi profond changement dans ſon interieur, qu'elle ne ſe connoiſſoit plus elle-même. Une jeune Professe travaillée d'un grand dégoût de son engagement, Dieu dans sa peine lui donna un saint mouvement d'aller demander à sa maîtresse sa benediction, & sa peine fut entierement évanoüye si-tôt qu'elle l'eût receuë. Nous n'aurions jamais fait si nous voulions écrire tous les traits merveilleux de ses lumieres & de sa penetration pour nous affermir dans la perseverance des solides vertus, non seulement dans ces commancemens, mais encore dans la suite de sa vie. Etant toûjours aprés nous inculquer comme une maxime fondamentale pour le répos & la paix de l'ame, la sincerité, & la simplicité humble & fidelle à découvrir ses peines. Sa maniere & sa façon d'agir pour gaigner nos cœurs êtoit si engageante, que quand elle vouloit, en quelle mauvaise humeur, & prevention qu'une Fille se trouvât quelque fois à son égard, par quelque alteration que l'immortification du cœur pouvoit produire, elle n'avoit qu'à ouvrir la bouche, & dire quelques paroles de douceur pour calmer toutes nos tempêtes, en nous montrant le ſoin d'une vraie Mere, ce qu'elle faiſoit toûjours pour nous attirer à Dieu, & nous remétre dans nôtre devoir. Si-tôt qu'elle s'en aperçevoit, ſans s'y chercher elle-même, & quoi que nous fuſſions fortement attachées à elle par la connoiſſance de ſes vertus, & l'eſtime de ſes merites, il nous faloit être fort retenuës, à lui témoigner nos empreſſemens affectifs, qu'elle n'aymoit pas. Sa maniere pourtant ouverte, libre, & gaye, & ſa façon dépoüillée de tout air dominant, nous attiroit continuellement autour d'elle dans nos recreations, où elle prenoit grand plaiſir de ſe trouver, & concourir à tous nos innocens & petits divertiſſemens, y mêlant toûjours quelque choſe de devot & de pieux. Enfin elle êtoit à l'égard de ſon Noviciat un aymant ſi fort, que nos cœurs ne ſe repoſoient qu'en ſa charité: Le premier

Triannal de nôtre tres-honorée Mere Anne Marie Piller, étant fini en ce nouveau Monastere, elle fut rapellée en celui de Ville-Franche, en qualité de Superieure, & tout le poids du gouvernement ſpirituel & temporel de nôtre Maiſon tomba ſur nôtre chere Defunte par l'élection qu'on fit de ſa perſonne. Ce nouveau fardeau fut comme une nouvelle matiere combuſtible qu'on jette ſur un grand braſier : elle ſe mit encore plus fortement à travailler de ſon eſprit & de ſes mains, pour la gloire de ſon Epoux, qui s'en repoſoit ſur ſes ſoins, & ne ceſſoit ni jour ni nuit. Souvent elle les a paſſées à faire écrire, & ſatisfaire à ſes obligations, ne l'aiant pû faire pendant le jour, à cauſe du ſoin infatigable qu'elle ſe donnoit pour le temporel ; nous animant inceſſãment par ſes paroles & par ſes exmples à métre en œuvre tout ce qui dépendoit de nôtre petite induſtrie pour établir une demeure agréable au Seigneur, & commodément logeable pour ſes époufes : Le Sage qui a fait le portrait de la Femme forte dans fes paraboles, l'auroit affurement eu en veuë fi elle eut été de fon tems. Car tous les traits de pinceauux, qu'il lui donne pour la bien dépeindre, font une vive expreffion de la maniere dont elle fe comportoit pour métre ce nouveau établiffement en érat de ne point craindre ni froid, ni ni glace, ni nége, ni relâchement à nos faintes obfervances, non plus que la privation ou la difete de tous nos befoins domeftiques, à quoi elle avoit toûjours l'œil de la prevoyance ouvert pour fubvenir aux neceffitez du général, & du particulier, & à toutes les charges onereufes du temporel qui êtoit fort grande en ce tems-là : Car il faloit avoir foin de l'entretien de plus de foixante Perfonnes dont la Communauté étoit compofée, & payer de grands interêts que l'on devoit de l'âchat de nôtre Maifon, & fes revenus tres-petits. A la verité, c'eft un éfet merveilleux de la Divine Providence, en laquelle elle a jetté toûjours tout son apuy & sa confiance, qu'à la quarante-huitiéme année de nôtre établissement que Dieu nous l'a ôtée pour la récompenser de sa vertu & de ses travaux, elle ayt veu céte Maison beaucoup augmentée en de beaux fonds, sans détes, & commodément logéable : à la Reserve d'un bâtiment neuf, qu'elle n'a osé entreprendre pour y vivre selon la pauvreté Evangelique, dont nous devons faire profession. Car si bien nous avons eu cinq Superieures tres-vertueuses pendant les intervalles de ses depositions, qui ont vécu avec elle dans une parfaite intelligence & union ; il est néanmoins vray qu'elles se sont toûjours fort reposées sur elle pour l'administration générale du temporel, connoissant parfaitement sa capacité, son experience & son zéle pour le bien commun de la Communauté. Elle en avoit encore un plus incomparable & plus pressant de nous voir fidelles à nos obligations Spirituelles, & nous y portoit d'exemple, & de paroles, & soit lors qu'elle étoit Superieure, charge qu'elle a exercée ving-quatre ans dans nôtre Maison, & l'auroit été en plusieurs de celles de nôtre Institut, qui nous l'ont souvent demandée avec des grandes Instances, à quoy jamais nous n'avons peu consentir, tant elle nous étoit utile & necessaire. Elle a toûjonrs été Directrice quand elle n'étoit pas en charge de Superieure : on pouvoit lui apliquer à bon droit les paroles du neuviéme Verset du Cantique d'Anne, tirées du second Chapitre du premier des Rois. Le Seigneur se servoit d'elle pour faire toutes ces salutaires operations utiles à détruire l'amour propre pour ne laisser vivre que le sien, qui doit être le grand mobile de nos engagemens. Elle nous a toûjours élevées avec un merveilleux soin pour nous bien imprimer l'exellence de nôtre état, & l'estime que nous en devons faire. L'idée que nôtre saint Fondateur donne dans le Directoire d'une bonne Superieure & d'une bonne Maîtresse des Novices, étoit son veritable portrait, rien de mol, rien de fade, rien de feminin ne paroissoit dans sa conduite; ses expressions étoient fortes, sa direction solide, & toute tirée du saint Evangile, qu'elle lisoit sans cesse, avec les admirables enseignemens de nôtre saint Patriarche, tirant de ces deux sources toutes les plus saintes maximes dont elle souhaitoit que nous fussions bien penetrées, qu'elle gravoit bien plus fortement dans nos cœurs par sa pratique, & par ses exemples que par paroles. Elle tachoit sur tout de nous tenir fort occupées interieurement & exterieurement, ayant pour cela un talent si particulier, & si engageant, que l'amour du travail a toûjours paru merveilleux dans nôtre Communauté, tant qu'elle en a eû le gouvernement & la conduite. Elle ne pouvoit souffrir une Fille qui se portoit bien dans l'oisiveté, & on doit à ses ſoins, & à ſon grand zele, non ſeulement le maintient des Offices admirablement bien garnis de tout ce qui eſt neceſſaire aux beſoins d'une Communauté, mais encore tous les beaux ouvrages, & riches Ornements que nous avons à nôtre Sacriſtie. Son exemple à mettre la main à l'œuvre la premiere, tant qu'elle a peu agir, étoit d'une grande force pour nous animer à l'imiter, car jamais elle ne demeuroit oiſive un moment, non pas même en ſon grand âge : Et quand elle ne pouvoit par infirmité s'occuper de ſes mains, on ne la trouvoit jamais ſans lire, ou prier, où elle avoit un attrait tout particulier, Dieu l'ayant gratifiée d'un don de pieté tout à fait extraordinaire, ſa bonté la prevenant de ſon divin eſprit dans ſes exercices ſpirituels, que ſouvent ſe trouvant dans des grandes occupations exterieures, ſi tôt qu'elle ſe mettoit en priere, ſon eſprit étoit debarraſſé de toutes ces penſées frivoles, & inutiles qui donne tant dequoy exercer les eſprits moins forts

que

que le ſien. Hors le tems deſtiné aux exercices ſpirituels, toutes nos Sœurs la voyant toûjours en tête, ſe portoient avec une gayeté admirable à marcher ſur ſes pas. Elle avoit une ſainte induſtrie d'aſſaiſonner toutes nos ocupations laborieuſes, de divers innocents divertiſſements, & joyeuſes recréations qui tenoient nos cœurs dans une allegreſſe, & vigueur merveilleuſe, à faire avec plaiſir, & ſans repugnance tout ce que nous connoiſſions qui luy pouvoit plaire, & qu'elle deſiroit de nous. Elle n'avoit pas un moindre talent pour nous faire connoître dans les redditions des contes, Chapitre & entretien général, & particulier, nos paſſions mal mortifiées, & portoit admirablement bien le flambeau dans tous les coins, & recoins de nôtre ame, pour nous y faire remarquer les endroits, où nous laiſſions croître les méchantes herbes, qui étoient capables d'étouffer la bonne ſemence de la grace: nous donnant des ſolides & fervantes inſtructions pour nous encoûrager à prendre en main la besse, & la serpe, pour défricher ces endroits mal cultivez. Elle n'avoit sur tout rien de plus à cœur, que de nous bien insinuer, que tout ce que nous faisions devoit être animé de la Charité, & de l'Humilité qui nous empêchoit de nous regarder, nous écouter, ni voir les choses en elles-mêmes. Elle nous imprimoit à toute rencontre, que nôtre saint Patriarche n'avoit esté inspiré de Dieu pour fonder nôtre petit Institut que pour établir dans son Eglise, un nouvel Ordre qui eut pour Maximes fondamentales, & principales, la pratique de ces deux grandes vertus. Et comme céte Venerable Mere avoit eu l'honneur de luy parler, & l'entendre prêcher, elle avoit conservé dans son cœur une tendresse & devotion toute particuliere. Ce qu'elle fit bien paroître à la solemnité que l'on fit pour ce saint Pere au tems de sa Beatification, & Canonisation: Elle n'épargnat rien pour augmenter la gloire de ce grand Saint : ſon Cœur ſe fondoit en reconnoiſſance envers Dieu, qui luy avoit fait la grace de voir cét heureux jour. Elle nous diſoit ſouvent, que nos grandes auſteritez conſiſtoient principalement à être bien charitables & humbles ; que ce grand Saint nous ordonnoit que nous n'euſſions point d'égard aux infirmitez corporelles des filles qui veulent ſe ranger parmi nous, pourveu que nous les voyons bien diſpoſées à la pratique de ces deux vertus. C'eſt une ocaſion à nôtre égard de faire au leur une pratique de charité : & à elles celle de ſe faire de grandes Saintes, ſans haires, cilices, longs jeûnes, grands Offices, & autres mortifications corporelles. Si leur eſprit eſt bien diſpoſé à la pratique de la Charité, & de l'Humilité, cela ſuffit. Et quel eſt l'objet de la premiere de ces vertus, ſi ce n'eſt l'Amour d'un Dieu, nôtre unique & Souverain bien, & celuy de nôtre prochain par raport à luy ? Et qu'eſt-ce qu'il y a ſur la terre qui merite d'être aymé par dessus cela ? Dieu en nous créant n'a imprimé à nôtre cœur, céte inclination vers le bien en général, que pour aymer celuy qui est infiniment aymable, & qui est seul capable de rassasier pleinement tous les desirs inquiétans de ce pauvre cœur. L'experiance nous fait sentir céte verité : & ce peut-il faire, disoit-elle, que nous ne soyons pas humbles : Si nous connoissions bien le fond de misere, de dépendance, d'ignorance, & de corruption, dont nous avons herité de nos premiers parens, qui est celuy qui refléchit ou entre tant soit peu dans la discution, & examen de ses foiblesses & égaremens des droites voyes de la vertu, qui ne rencontre dans le fonds de son ame, de grands motifs d'Humilité devant Dieu qui est le premier dégré de l'Humilité, commun à tous les hommes doüez de raison : Mais nous devons faire en sorte que la nôtre soit d'un rang plus noble & plus relevé, qui est d'aimer de paroître tels que nous soûmes devant les creatures, c'eſt à dire, qu'on connoiſſe encor mieux que nous, que nous ſommes pleins de défauts, & d'imperfections, & dignes d'être mépriſez de tout le monde. Ha mes cheres Sœurs ! Si nous étions bien perſuadées, que Dieu demande de nous ce degré d'Humilité, nous ne ſerions pas ſi ſenſibles aux humiliations, & mortifications qui nous arrivent par l'ordre de ſa Providence; & ſi nous comparions nôtre Charité avec celle que ſaint Paul décrit au Chapitre treiſiéme de ſa premiere Epitre aux Corinthiens, qui eſt la veritable qu'on demande, que nous pratiquions, que dirons nous de la nôtre? Pour moy je vous avoüe que je trouve bien de manquemens en la mienne, par raport à celle-là, auſſi-bien que beaucoup de défauts en mon humilité. Dieu par ſa grace me veüille être propice, & m'aide à devenir ce que je dois être. Je ſuis obligée pourtant de vous faire marcher dans la voye de nos ſaintes Obſervances; à moins que de répondre à

Dieu en mon propre nom, des fautes que je vous verray commettre contre vos promesses. Vous vous êtes obligées d'y marcher par des motifs du pur Amour de Dieu, & dans l'esprit de douceur, & l'humilité de cœur que Jesus-Christ nous commande d'apprendre de luy. Les défauts qu'elle connoissoit être de fragilité, luy donnoient beaucoup de compassion, & de suport; mais elle corrigeoit fortement ceux où elle remarquoit de l'audace, & du mépris de leur devoir, & sur tout touchant la mutuelle dilection qu'elle étoit continuellement à nous inculquer : Et soit lors qu'elle exerçoit la charge de Directrice, ou celle de Superieure, qui sont les deux emplois où elle à presques toûjours roulée depuis nôtre établissement, nous pouvons dire que son zele, pour maintenir parmi nous la cordiale Charité, & Humilité avec l'exactitude à nos observances, & ses travaux particuliers pour sa perfection propre, ont toûjours fait le principal caractere de sa conduite. Son fond de pieté, de candeur, & de droiture, nous donnoit de l'admiration, & sa ferveur au service de Dieu, accompagnée d'une severe mortification d'elle même, de corps, & d'esprit, nous abatoit quelquefois le courage, & l'esperance de la pouvoir imiter : Car son abstinence presque continuelle, & son peu de délicatesse au manger, avec l'oubli d'elle même dans ses besoins, & dans ces infirmités qui êtoient grandes, nous paroissoient inimitables. Nonobstant cére rigueur sur elle même, il ne se peut pas dire combien ses bontez, & sa tendresse étoient grandes pour nous prevenir, & secourir dans tous nos petits besoins, & nous donner tous les soûlagemens possibles dans nos moindres infirmitez, procurant que rien ne nous manquât, ni pour la consolation Spirituelle, non plus que pour les autres secours à nos maux, petits & grands, se faisant une loy de devoir, & de charité, de voir elle même avec une vigilance admirable tout ce qu'on donnoit aux malades, si les boüillons, & les viandes étoient comme il faut, & si les Infirmieres étoient exactes à suivre l'ordre des Medecins. Et quand les malades étoient en peril de mort, elle usoit d'une vigilance nomparcille, pour leur faire recevoir les saints Sacremens. Nous l'avons veuë souvent veiller les nuits entieres, afin de les leur faire recevoir à propos, les servant, & visitant dans pareilles rencontres avec beaucoup d'assiduité, & compatissante à nos souffrances, qui étoient adoucies par ses saints, & fervants entretiens de l'amour que Nôtre Sauveur nous enseigne d'avoir pour la croix, & pour les afflictions de céte vie. La tendresse, & la compassion de son cœur pour nôtre soûlagement, étoit d'une grande étanduë : elle n'étoit pas moins sensible aux miseres publiques qui venoient à sa connoissance. Qu'avons nous fait à Dieu, disoit-elle, qui n'a pas voulu nous exposer à souffrir ce qu'une infinité de miserables souffrent dans le monde, loüons ſa bonté & ſa miſericorde qui n'a pas voulu nous expoſer à des épreuves ſi rudes, où peut-être le murmure contre luy, l'impatience & le deſeſpoir auroient été le ſeul fruit qu'auroir produit un état ſi penible à la nature. Dans céte veüe, ſa Charité envers les pauvres, n'avoit point de limite, que l'impuiſſance de les ſoûlager ſelon ſon deſir, & ſans reflechir ſur les commoditez de la Communauté qui n'avoit à peine que ſon petit neceſſaire pour ſon entretien, tant qu'elle a eu le pouvoir en main, aucun pauvre n'a été renvoyé de nôtre porte, ſans recevoir une aumône, de pain, ou de potage, en ſorte que depuis nôtre établiſſement juſqu'à preſent, il s'y diſtribuë à un grand nombre de neceſſiteux, qui ne manque pas dans les grandes Villes, tous les jours ſur les dix à onze heures du matin, de s'y trouver. Ce qui s'eſt toûjours fait pendant qu'elle a vécu : & ſouvent quand la foule étoit plus grande qu'à l'ordinaire , elle leur faiſoit diſtribuer ſa portion , & le reſte qu'on levoit de la premiere table. Outre céte diſtribution journaliere, cinq ou ſix familles étoient,& le ſont encore puiſſamment ſecourues par la Charité particuliere qu'elle avoit ordonnée leur être faite, dans la connoiſſance qu'elle avoit de leurs neceſſités, diſant ſouvent, que jamais la pratique de la Charité envers les pauvres n'apauvriſſoit, & que Jesus-Christ nous les avoit recommandés comme ſes enfans, & qu'au reſte nous n'étions que les œconomes de Dieu, pour les biens de la terre dont il fourniſſoit ſi miſericordieuſement nos beſoins, & qu'il nous demanderoit un conte tres-étroit, ſi nous n'avions pas de la compaſſion de ſa perſonne, envers celle des pauvres. Nous n'aurions jamais fait, ſi nous voulions entrer dans le détail du recit de toutes les éminentes actions de Charité, & de toutes les autres vertus Chrêtiennes que nous luy avons veu pratiquer. Celles de la fidelité en ses paroles & promesses de rendre à un chacun ce qui lui appartient, & de ne souffrir avec connoissance de cause, de retenir un obole du bien d'autrui luy étoit quasi naturelle, tant elle aimoit la droiture & l'équité. Si les Marchands, ou les ouvriers avoient donné leur conte, quoy que c'est d'ordinaire leur coûtume de faire comme les Apoticaires, de les grossir de la moitié plus, lors qu'elle y remarquoit quelques erreurs à leur desavantage, elle les redressoit, & leur faisoit justice jusques à un sols; & pourveu quils lui eussent parlé, ils étoient contants, tous faisant grande estime de céte Venerable Mere. Son intelligence pour les affaires temporelles, aussi bien que pour les spirituelles s'étendoit à tout, & sa conduite pour les faire avec meure deliberation, ordre, & conseil, ne se trouvoit jamais embarrassée quoy qu'elle entreprit pour l'avantage & le bien de céte Communauté. Et Dieu a toûjours beni toutes les affaires qui ont passez entre les mains. Nous attribuons à la grande confiance qu'elle avoit à sa divine bonté, les belles, & utiles aquisitions qu'elle a fait pour céte Maison, qui à jamais lui en doit des éternelles réconnoissances, nonobstant le blâme, & les censures, que plusieurs personnes publioient contre sa conduite. Elle conservoit une paix & tranquilité admirable en ces occasions, & quelques fois on lui témoignoit l'étonnement où nous étions de ne la point voir émuë : elle nous répondoit dans sa bonté ordinaire, que quand elle avoit fait ce ce qu'elle avoit jugé à propos, elle remétoit le tout entre les mains de la Divine Providence, & ne doutoit plus que la chose ne reussit pour embarrassée qu'elle fût. Dieu fasse la grace à celles qui l'a suivront de l'imiter. Sa devotion envers la sacrée Vierge Mere de Dieu êtoit intime, & qu'elles ocupations quelle eut, elle n'a jamais manqué à dire son chapelet ; & si elle ne pouvoit le dire le jour à cause de

ses

ſes affaires, elle prenoit le tems pour le dire aprés Matines. Elle ne manquoit pas de jeuner à ſon honneur les Samedis, en ayant obtenu la permiſſion de ſes Superieures devotion qu'elle a obſervée juſques à ſa grande Vieilleſſe qu'elles la prierent de ne plus continuer, & faiſoit le même tous le les Vendredis de l'année. La confiance qu'elle avoit en céte Mere d'Amour, a fait qu'elle a reçeue des graces extraordinaires de ſa protection, dans des ocaſions où il ſembloit que tout lui étoit contraire. C'étoit tout ſon recours dans les plus fâcheuſes rencontres que Dieu a permis lui arriver, & dans ſes infirmitez. Et nous pouvons dire que ſi elle a reuſſi dans ſes entrepriſes, ç'a été par ſa faveur. Dans ſes grandes fêtes elle embraſoit de nouveau toutes nos ferveurs par ſon exemple, à faire pluſieurs pratiques de vertus, quoy qu'elle fut ſolidement devote, & tres-ſpirituel; elle n'avoit pourtant point d'attrait à certaines ſpiritualitez ſublimes & raffinées qui donnent des anxiétes & des empreſſemens continuels de voir tous les livres nouveaux qui en traitent, pour y chercher de nouvelles lumieres ou de nouveaux éclairciſſemens. Elle aymoit & honoroit tous les grands hommes qui en ont écrit, & tous ces devots Directeurs grands Maîtres en la vie miſtique. Mais pour elle, je trouve, diſoit elle, dans les écrits de mon ſaint Fondateur tout ce que les autres Docteurs, & Directeurs nous peuvent enſeigner. Ie me contente de la direction qu'il a communiqué à nôtre petit Inſtitut, Dieu me faſſe la grace de la bien ſuivre. Les filles qui cherchent ailleurs d'autres lumieres & une autre Direction, ne ſont pas d'ordinaire ni les plus devotes, ni les plus regulieres. On connoit, diſoit elle, un bon arbre par ſes fruits. Toute Fille que je verrai bien humble & bien exate & fidelle à ſes obligations, je dirai que ſa voye eſt ſeure, & que ſon degré d'Oraiſon, quel qu'il ſoit eſt agréable à Dieu. Tant de curioſité de trop ſçavoir en matiére de ſpiritualité, & de doctrine, nous rend d'ordinaire plus orgueilleuſes que devotes, plus diſſipées que regulieres, & plus chancelantes en la Foy & ſainte croyance de l'Egliſe, qu'humbles & ſoûmiſes à ce qu'elle nous enſeigne. Les pretextes de nous éclaircir de nos peines, ſont preſque toûjours des effets de nos chimeres & de nos inquietudes! Ha que nous ſerions heureuſes, diſoit-elle, ſi nous pouvions nous contenter de la ſçience que ſaint Paul nous enſeigne être ſuffiſante pour la vie éternelle, qui conſiſte à être bien convaincuës qu'il y a un Dieu plein de bonté, de juſtice & de miſericorde qui nous a donné ſon Fils bien aimé pour être nôtre Legiſlateur & nôtre exempleire, & qui a voulu ſouffrir le ſupplice de la Croix pour nôtre ſalut. S. Paul dit que de ſçavoir cela ſeul, c'eſt la vie éternelle. Qu'avons nous à faire que de ſuivre celui qui nous dit, que qui le ſuit, ne marche point dans les tenebres. Auſſi n'avoit elle aucun empreſſement pour ces livres nouveaux, ni pour ces ſortes de communications particulieres au déhors. Et quoy qu'elle fut tres-ſpirituelle & Fille de grande Oraiſon, elle n'avoit aucune communication de ſon Interieur qu'au Confeſſeur ordinaire de la Maiſon, & aux Confeſſeurs extraordinaires de trois mois, en trois mois, où elle ne donnoit à connoître que ſes pechez : Et la plenitude de ſon cœur amoureux de Dieu, ne nous étoit connuë que par les grandes pratiques de vertu qu'on luy voyoit continuellement faire, & par les épanchemens de ſes ſaints entretiens tout remplis de feu & de flâme du divin Amour. Et quand nous la conſultions pour quelques difficultez de ſpiritualité & de Doctrine, en deux mots elle y répondoit avec tant de ſolidité & de clarté, qu'elle ne laiſſoit rien à éclaircir aprés ses réponses toûjours fort simples & humbles, & point du tout embarrassantes ni équivoques. Elle n'a jamais souffert l'entrée de nôtre Maison à ces Livres curieux de la Doctrine de la Grace, qui ont fait tant de bruit dans le siecle, non plus qu'à ceux de céte sublime spiritualité toute nouvelle qui a été depuis peu Anatematisée par l'Eglise. Ces sortes de Livres, disoit elle, sement de l'yvroye parmi le bon grain de la saine Doctrine de l'Eglise: ors que les hommes dorment, veillons, & ne dormons pas parce que l'yvroye n'est semée, & ne prend racine que dans les champs de ceux qui dorment. La curiosité & le rafinement de l'esprit humain qui veut par ses propres lumieres sonder les secrets de Dieu & de sa conduite, sont les sources des Heresies: marchons donc, mes cheres Filles, dans les valées de l'humilité & de la simplicité de la Foy, & nous irons en assurance. Elle n'agreoit pas même que dans nos entretiens on parlât de ce que quelquefois les Seculiers en disoient dans nos Parloirs, quoi que fort peu frequentés, & seulement par les Parens & amis de nos Sœurs, tant elle avoit d'aversion à ces sortes de nouveautez. Elle n'en avoit pas moins pour les conversations des Seculiers qui parloient mal de leur prochain, soit qu'ils le fissent pour se plaindre de leur conduite, soit par animosité, ou autrement; & elle avoit une merveilleuse adresse pour bailler un bon tour à celles où la passion & la médisance se trouvoient mêlées, ayant une grande delicatesse de consience sur ce point: Et parmi nous elle ne pouvoit souffrir de nous entendre parler de quoi que ce fut qui peut donner des impressions desavantageuses à l'égard de personne, & n'agreoit pas même qu'on parlât de leurs defauts publics & connus de tout le monde. Parce que, disoit-elle, la charité, selon l'Ecriture, doit couvrir une multitude de pechez, &

de defauts, & nous les découvrons & les métons en lumiere en prenant plaisir de nous en entretenir, ce qui est contre la charité. Elle avoit la conscience si tendre sur cét article qu'elle passoit quasi jusques aux scrupules. Et quand on lui avoit donné quelque déplaisir, ou dé désaprouver sa conduite, elle ne souffroit j'amais que l'on en parlât devant elle pour justifier ses actions, & disoit qu'elle meritoit toutes sortes de blâme, & que l'on n'avoit pour elle trop de suport, le prenant comme une chose qui lui êtoit deuë. L'amour & le respect qu'elle avoit pour l'adorable Sacrifice de la sainte Messe, & à la sainte Communion dont elle se nourrissoit aussi frequemment que la regle le prescrit, sans aucune singularité, étoit sa devotion dominante & quelques affaires pressantes qu'elle eut, on ne la pouvoit tirer du Chœur qu'elle n'eut oüy toutes les Messes qui se disoient à nôtre Eglise, métant toute l'esperance de ſon Salut aux merites de cét Auguſte Sacrifice. Ce myſtere d'Amour faiſoit le plus ordinaire de ſes meditations, & le plus grand attrait de toutes ſes devotions. Nous luy avons une obligation particuliere de nous avoir procurée par ſes ſoins, & ſa prudence, la grace d'avoir tous les jours une Meſſe de fondation, outre celles de Communauté. Ce qui nous eſt d'une grande conſolation : Elle en recevoit de tres-grandes en la preſence de cét Auguſte Sacrement, où nous la voyïons dans un grand anneantiſſement, toute abſorbée hors d'elle méme. Dans ſes plus grandes maladies, & même la derniere dont elle eſt morte, le jour qui preceda celuy qu'elle expirat, elle ſe voulu lever pour aller à la Meſſe Conventuelle, ſi nous ne l'en euſſions empêchée, ce qu'il faloit toûjours faire lors qu'elle êtoit malade. Elle diſoit que Jesus-Christ, dans ce grand Myſtere preſante à ſon Pere tous les pecheurs qui eſperent en l'efficace de ſa Redemption , & que pour elle qui êtoit de ce nombre, elle y mettoit toute ſa confiance, & ſes eſperances. La vivacité de ſon raiſonnement naturel luy fourniſſoit quelquefois quantité de difficultez ſur pluſieurs articles de la croyance des Fideles, qui donnoient beaucoup d'exercice à ſa foy ; Mais ſi-tôt qu'elle s'en apercevoit, elle impoſoit ſilence à ſon eſprit par ces paroles interieures, Dieu l'a revelé, l'Egliſe l'enſeigne, & je ſuis Fille de l'Egliſe, & l'on peut dire d'elle ces paroles, de ſaint Paul, *que le Iuſte vit de la foy:* Car elle n'avoit autre goût ni ſuavité ſenſible dans toutes ſes pratiques des vertus interieures, ou exterieures, que de ſçavoir que c'êtoit le bon plaiſir de Dieu, que les Chrêtiens pratiquaſſent celle que JESUS-CHRIST ſon Fils a enſeigné, de paroles, & d'exemples. Celle du pardon des ennemis qui eſt aux mondains acompagnée de grandes difficultez, ne luy coutoit point de peine, tant elle avoit le cœur bon, &

debonnaire à faire & dire du bien de tout le monde, ſans conſerver ny fiel ny reſſentiment contre qui que ce ſoit, quoy qu'elle ſceut, & connut certaines perſonnes qui n'eſpargnoient rien pour ternir ſa reputation, & cenſurer ſa conduite. Que s'il ſe preſentoient des ocaſions pour les ſervir, elle le faiſoit avec tant de generoſité Chrêtienne, que l'on eut dit que c'êtoit ſon plaiſir de faire du bien à ceux qui luy cauſoient des motifs de mortification. Nous aurions un Volume à faire; ſi nous voulions dire en détail toutes les ocaſions qu'elle a euë, & les pratiques qu'elle a fait ſur ce ſujet; nous nous contenterons de dire qu'un jour êtant au Parloir: Vne perſonne de qualité fâchée de ce qu'on ne vouloit pas recevoir ſes Filles pour être dreſſées, aux conditions qu'il le ſouhaittoit, luy dit des paroles de mépris, ſi choquantes que toute autre que nôtre Venerable Mere n'auroit jamais contribué à la reception de ſes Filles, au contraire aprés que ce Pere passionné, se fût mis à la raison, elle les receut avec autant d'empressement, & de tendresse que l'on pouvoit esperer d'un cœur aussi debonnaire que le sien l'étoit. Comme elle s'étoit acoutumée à suporter genereusement les douleurs du corps, causées par des violentes coliques & fluxions gouteuses, acompagnées de diverses & dangereuses maladies, avec une constance merveilleuse, & un acquiessement parfait à la volonté de Dieu, elle se soucioit fort peu des jugemens humains, qui ne font que porter leur coup à fleur de peau. Nous serions bien foibles, disoit-elle, si ce qui est hors de nous alteroit nôtre paix, & si nous nous troublions pour ce que les hommes disent ou pensent de nous: leur approbation ou leur condamnation est un effet libre de leur opinion; & Dieu en m'examinant ne s'en raportera pas à eux: il se sert des censurs, des medisances, des desaprouvemens, & des calomnies de ceux qui ne nous ayment pas, pour

nous servir, ou de precaution pour ne pas tomber en des fautes dignes de blâme, & de censure, ou d'admonition pour nous en relever si nous y sommes tombées. Son humilité luy faisoit souvent dire à ce sujet qu'elle n'étoit propre que pour faire le mal, & qu'on n'en sçauroit tant dire d'elle qu'il n'y en eut bien davantage. Et ce sentiment procedoit d'une vraye connoissance d'elle même, & non d'une ostentation verbale de céte vertu que les faux devots ont en bouche d'ordinaire pour se faire croire humbles, ou pour croire de l'être en le disant: Car comme elle sçavoit que le peu de bien que nous operons en céte vie, qui porte la vraye marque du bien surnaturel, nous ne l'operons que par le Secours de la grace de nôtre Redempteur, & que toutes nos bonnes œvres ne sont que l'ouvrage de son amour, & de ses misericordes, elle croyoit toûjours qu'elle mêloit parmi ses actions les plus vertueuses beaucoup d'imperfection de son
fond

fonds naturel, ce qui la tenoit dans dans un profond aneantissement d'humilité devant Dieu, & pleine d'une amere componction de cœur devant sa justice, à la pratique du Sacrement de Penitence; & là elle demandoit pour ses ennemis, & ses censeurs, le même pardon qu'elle demandoit pour elle même: disant tres-souvent, Si on a censuré JESUS-CHRIST nôtre maître qui étoit l'innocence même, seroit-il juste que j'en fûs exempte, moy qui suis toute pleine de defauts. Aussi Dieu seul qui connoissoit la parfaite droiture de son cœur a toûjours permis que tout ce qui venoit des creatures pour luy procurer des confusions, & des humiliations pour ternir sa reputation, & censurer sa conduite, n'a fait autre chose que donner plus d'éclat à sa Charité, & sa patience heroïque dans les plus sensibles injures: car jamais sa bouche ne s'est ouverte ni pour se justifier, ni pour se plaindre de personne, ni sa débonnaireté, n'a point cessé de dire,

& faire du bien à ceux & à celles qui ne lui en vouloient pas. Elle étoit fort sçavante en l'Ecole du Sauveur; elle y avoit apris que ceux qui le veulent suivre, & imiter, doivent avoir part aux mauvais traitemens qu'il recevoit de ceux à qui il faisoit, & vouloit plus du bien. Son obeïssance & exactitude à tout ce qui nous est marqué, étoit dans le plus haut point de perfection. Et quoy que ses Superieures, se remissent à elle pour toutes les choses temporelles, elle ne faisoit pourtant rien sans demander leurs avis & sentimens, n'ayant rien de caché pour elle, ne voulant aucun congé général, s'assujetissant à les demander jusques à sa mort, comme auroit fait la plus jeune Novice. Elle s'est renduë remarquable à la promtitude à ses exercices Spirituels, où elle étoit pour l'ordinaire la premiere: Ce qui nous servoit d'un grand exemple, sur tout dans son grand âge, où elle faisoit son heure d'Oraison, sans s'en dispenſer, quoy qu'elle fût fort incommodée. Sa pauvreté étoit parfaite, y faiſant une continuelle attention, ne voulant rien avoir en ſon particulier, & ſe faiſoit une peine lors qu'elle croyoit que l'on luy donnoit plus qu'aux autres, ne ſe recherchant en quoy que ce ſoit pour avoir ſes commoditez. Elle ne perdoit pas une ocaſion de pratiquer céte ſainte vertu: Le dernier voile qu'elle a porté, il fallut que ſa Superieure l'obligeat par obeïſſance de le quitter, étant preſque tout de pieces: il faloit faire la même choſe de ſes habits, & de tout ce qu'on luy donnoit pour ſon uſage. L'on ne ſçauroit exprimer les ſoins, & les peines qu'elle s'eſt donnée pour ménager le bien de la Maiſon, & l'augmenter de tout ſon poſſible. Son zele pour la décoration des Autels, nous a procuré tout ce que nous avons de plus riche à nôtre Sacriſtie. Sa Charité étoit toute pure, & Angelique, ne reſpirant, & n'aſpirant que pour ſon Dieu, qui a fait que ſa vie a été un tiſſu de toutes ſortes de vertus heroïques, qui a été ſuivie aprés une ſuite de travaüx, & de Croix tant interieures qu'exterieures pendant tout le cours d'icelle, d'une mort toute ſainte. Dépuis le mois de Janvier de céte preſante année nous remarquâmes que céte Vénerable Mere s'affoibliſſoit beaucoup, n'ayant plus de force que celle de ſon eſprit naturellement génereux qui la faiſoit toûjours élever au deſſus d'elle même, ne laiſſant de s'ocuper à ſon ordinaire pour les affaires de la Maiſon, & fit dreſſer un petit réglement de tout ce qu'elle ſe pût aviſer être neceſſaire pour le bon ordre du Monaſtere, & pour donner l'intelligence à l'œconomie de tout ce qui dépend de ſa charge, comme auſſi pour l'Agriculture, à quoy elle étoit parfaitement bien entenduë, & diſoit à celles qui étoient auprés d'elle, qu'elle ſe ſentoit preſſée interieurement, de nous donner tous les éclairciſſemens neceſſaires pour le bien Spirituel, & temporel de la

Communauté. Elle eut pendant les deux premiers mois de cête année ses douleurs de goutes violentes qui la firent beaucoup souffrir ; elle eut même la fiévre les trois jours de Carême prenant, & ce fût une espece de miracle que dans cét état qu'elle voulut jeûner la sainte quarantaine, ce qu'elle fit tres-rigoureusement avec tant de ferveur, & de saint zele, que l'on eut dit qu'elle avoit une parfaite santé, ne prénant aucun aliment que de vingt-quatre, en vingt-quatre heures. Et quand nous luy témoignions la surprise où nous étions de voir qu'à son grand âge acompagné de tant d'infirmités, elle pouvoit se passer ainsi, elle nous répondoit avec un doux soûris, que Nôtre Seigneur luy faisoit la grace de n'en être point incommodée, ne se portant jamais mieux, disoit-elle, que lors qu'elle faisoit abstinence. Si-tôt aprés Pâques ses douleurs, luy réprirent, avec un dégoût, & dés ce temps-là jusques à sa mort, elle nous parut extrémement languissante ; elle ne laissât pourtant pas de se lever à cinq heures comme elle avoit acoûtumée pour faire son heure d'Oraison. Le troisiéme jour de May tirant des forces de sa foiblesse, elle se fût chauffer à la cuisine, & fit beaucoup de caresse à nos Sœurs Domestiques, & leur dit plusieurs choses tres-utiles pour leur perfection. Le quatriéme de jour dedié à sainte Monique pour qui elle avoit une particuliere devotion, elle Communia avec la Communauté, & le fit encore le lendemain, pour son rang, ne le perdant jamais. Sur les trois à quatres heures du soir, elle fut demandée au Parloir par le tres-Reverend Pere Gardien des Capucins du petit Forés de cete Ville, pour qui elle a toûjours eu beaucoup de respect, & d'estime : Elle s'informat de luy en quel état étoient les affaires de Nôrre Saint Pere le Pape avec Sa Majesté Tres-Chrêtienne, luy témoignant d'avoir une vive douleur, de ce qu'elle en apre- noit. En suitte elle suplia ce Reverend Pere, de demander à Dieu, qu'il luy fit la grace de faire une bonne mort, dans une veritable contrition de ses fautes. En luy parlant elle prit une douleur de côté, avec une froide fiévre qu'elle negligeat, ne laissant de faire son Oraison du Soir. Elle passat la nuit avec beaucoup d'inquiétude, & opression de poitrine, nonobstant laquelle elle ne laissa de se lever à son heure acoûtumée, avec un courage intrepide. Elle fût Communier à la Messe Conventuelle de ce jour, destiné à la Fête de saint Iean Porte-Latine, & demeura toute céte matinée devant le Saint Sacrement. Au dernier coup du dîné, elle s'en revient de son pas, à sa chambre, mais si abatuë, & épuisée, qu'elle fut tres-long tems sans pouvoir dire un mot. Comme c'étoit un Vendredy, jour pour lequel elle avoit une particuliere devotion, à cause de la mort de son Sauveur, elle prit un boüillon d'herbes. Et comme sa douleur de côté, & sa fiévre s'augmentoient, nous commançames à nous allarmer pour l'aprehension que avions de sa perte, de quoy s'aperçevant, elle se fit effort d'avaler un œuf, mais avec tant de peine qu'elle nous fit compassion. Nous fimes apeller Monsieur nôtre Medecin qui lui ordonna une petite saignée à cause de sa grande opression, ce qui la soulageât d'abort, quoy que la fiévre ne la quitta point, il nous dit qu'il lui trouvoit beaucoup de force; nous nous adressames à nôtre Seigneur par Vœux, Prieres, & quantité de Messes que nous fimes dire, afin qu'il pleut à sa bonté nous la conserver; mais son heure étoit venuë, & nôtre bon Dieu la vouloit récompencer de ses bonnes œuvres, & grands travaux. Elle fut pendant les trois jours qu'elle demeura allitée dans une paix douceur, patience, & tranquilité admirable, toute abimée & absorbée en Dieu, faiſant inceſſamment de ſon mouvement des Actes de Foy, d'Eſperance, d'Amour, de Contrition, d'abandon d'elle-même, & de deſir ardent d'aller joüir de lui. Monſieur nôtre Confeſſeur, l'êtant venu voir, elle lui dit avec beaucoup de force, & de generoſité, mon Pere il faut mourir. Il luy demanda ſi elle étoit bien ſoûmiſe à la ſainte volonté de Dieu, elle luy répondit, oüy, mon Pere, de tout mon cœur, & il faut que je modere l'ardent deſir qui me preſſe d'aller m'unir à lui. Il lui demanda encore ſi elle ne vouloit pas bien recevoir, les Sacremens que nôtre Mere la Sainte Egliſe donne à ſes enfans pour leur adoucir ce paſſage, elle répondit, oüy mon Pere : mais comme elle êtoit dans un grand redouble de fievre, elle le priât d'attendre juſques au lendemain matin, & qu'elle ſi prepareroit. On lui dit ſi elle n'avoit rien à lui dire de particulier, & on ſe retira pour la laiſſer en liberté. Voulez vous que je faſſe une Confeſſion extraordinaire, dit-elle, je n'ai rien à dire, ce qui l'obligeat de se retirer jusqu'au matin. Mais étant toute occupée, & penetrée de Dieu, céte brillante Etoile matutinale s'ala attacher au Ciel, où plûtôt au Dieu du Ciel le dixiéme May de céte presente année, âgée de huitante-quatre ans moins quatre mois, Professe de cinquante six ans, pour recevoir de son Epoux la Couronne de grande Religieuse, de grande Superieure, & de grande Deposée. Ayant été admirable en ces trois états. Elle demeura si belle morte, que l'on ne pouvoit se lasser de la regarder, ayant un air si devot & rabaissé, qu'elle imprimoit la dévotion. Messieurs les Ecclesiastiques qui firent ses Obseques, demanderent par l'estime qu'ils faisoient de céte precieuse Defunte, les fleurs dont l'on avoit parsemé sa biere qu'il fallut leur donner pour les contanter, & à plusieurs personnes de mérite quelque chose qui lui eut servi. Céte grande servante de nôtre Seigneur a été generalement regretée de tous ceux qui la connoiſſoient. Pour nous, nos tres-cheres Sœurs, rien n'eſt capable d'adoucir nôtre douleur de céte perte que la veuë de l'adorable volonté divine, tachans de profiter des ſaints exemples qu'elle nous a donné par la pratique de toutes les vertus, nous en conſerverons un eternel ſouvenir, par l'obligation que nous lui avons pour avoir mis céte Maiſon par ſes ſoins dans une regularité exemplaire, nous prions Dieu y vouloir verſer ces benedictions, & la ſainte perſeverance.

Comme céte precieuſe Mere étoit aymée, & eſtimée par ceux qui étoient penetrés de ſes rares vertus, nous croyons que vos charitez prendront un ſingulier plaiſir que nous joignons ici un Epitaphe qu'un de ſes Amis tres-devot Eccleſiaſtique qui la nommoit ſa Mere, a fait par reconnoiſſance des bontez qu'elle avoit pour lui: il commance ainſi.

Cy gît la Venerable Mere LOUYSE CATHERINE VERNAT, native du Bujay, la plus ancienne des Filles de Fondation du troisiéme Monastere de la Visitation sainte Marie des Chaines, de laquelle Dieu s'est servi pour procurer un si saint établissement. Elle y a vécu quarante-huit ans, & par sa sage conduite tantôt en qualité de Directrice, ou d'œconome. On voit regner dans céte sainte Maison tant de paix, d'union, & de vertu, que tout le monde a beaucoup de veneration pour céte devote Famille.

ELLE A ETE'

Vraye & bonne Mere, forte & courageuse en sa conduite, tres-sçavante disciple, & veritable Zelatrice de la sainte Discipline du grand saint François de Sales, eminente en toutes sortes de vertus, doüée des grands dons de nature, & de grace, & d'un jugement tres-solide, & tres-éclairée, pour montrer par paroles, & par exemples la voye de perfection aux

ames

ames qui cherchent purement Dieu dans les Cloîtres *, tres-amoureuse de la Croix, laborieuse selon ses forces; Fille d'Oraison & de prieres sans relâche, tres-zelée observatrice de la sainte Regularité, Religieuse remarquable en sa sainte gravité & humble modestie, & air rabaissé; Fille d'une patience admirable, & d'une parfaite resignation à la volonté de Dieu, parmi les douleurs & infirmitez corporelles dònt elle a été accablée presque pendant tous le cours de sa vie, bienfaisante à tout le monde, & d'une charité consommante pour le prochain, & pour les pauvres, solidement pieuse sans superstition ni bigoterie, de bonnaire, & sans fiel contre les contradictions & injures, pleine d'un respect particulier & d'une sainte estime de l'état Ecclesiastique & de tous les Ordres Religieux en general, & leurs bien-factrice selon son pouvoir: Fille d'un amour fort sincere, & veritable pour toutes ses Sœurs,

& pour tout son Ordre, & d'une droiture merveilleuse, & toute sainte en toutes ses actions & entreprises, toûjours pleine d'une sainte confiance filiale à la divine Providence en tous ses besoins, & en tout ce qu'elle entreprenoit pour le maintien de son Monastere ; fidelle & constante amie, remplie d'une sainte aversion de tous les aplaudissemens & des loüanges de qui que ce fût ; tres grande observatrice de sa langue & de ses oreilles pour ne parler ni souffrir qu'on parlat en sa presence des defauts, ou des imperfections de son prochain, non pas même des publics, intimement amoureuse de la sainte retraicte, & du recuillemeut interieur & semblable aux Abeilles qui font leur Cire & leur Miel sans être aperçuës de ce qu'elles font que lors qu'on voit & qu'on goûte leur ouvrage ; point portée aux épanchemens pour le déhors, se tenant ferme à la direction toute sainte de ses Regles, & Constitutions, intripide, & sans trouble à tous les évenemens fâcheux de la vie, & d'un si grand calme dans l'ame, que rien ne la pouvoit alterer que la crainte du peché, ou de son aparence. La foy pure & nuë étoit son Flambeau qui assujetissoit son esprit penetrant à croire & pratiquer ce qu'enseigne la sainte doctrine de l'Eglise qu'elle étudioit sans cesse, & suivoit ses saints enseignemens sans autre goût ni suavité que de faire ce que Dieu commande contre la repugnance des sens, & de l'esprit. Elle étoit portée d'une affection admirable pour la decoration de la Maison du Seigneur, & du Sanctuaire, dont les Ornemens & ameublemens precieux qu'elle a inspirée à ces devotes Filles de travailler de leurs mains seront des marques qui feront long-tems vivre sa memoire dans leur esprit. Enfin cét Ornement mortel de céte devote Communauté, & de tout l'Institut a été enlevé de ce monde pour vivre eternellement avec

Dieu, le dixiéme May mil ſix cens huitante neuf, âgée de huitante-quatre ans, Profeſſe de cinquante-ſix.

Arrête un peu Paſſant, & joint tes larmes & tes prieres a celles de ces devotes Filles pour le repos de ſon ame.

FIN.

APPROBATION.

Le Recit de la vie, de la Venerable Mere Loüise Catherine Vernat, tres-digne Religieuse de la Visitation de sainte Marie; ne peut que laisser dans l'esprit des Lecteurs des sentimens conformes au Christianisme : Les vertus qu'ils y verront representées sous des belles couleurs, leur paroissant vives & brillantes, les engageront à vouloir le embrasser : ils n'en remarqueront pas une seule, mais toutes y brillent; de sorte que l'on a bien de la peine à dire qu'elle est celle qui a fait son caractere, puisqu'elle a pratiqué la Charité, qu'elle a exercé la patience, qu'elle a aymé la chasteté, & qu'elle a fait éclater en tout sa douceur, & son humilité : c'est ce que l'on verra tout au long la lisant comme moy. A Lyon ce jour de S. Etienne vingt-six Decembre, 1689.

MATHILLON, Docteur en Théologie.

CONSENTEMENT.

SUr la Requiſition D'ANTOINE MOLIN, à ce qu'il luy ſoit permis d'imprimer le manuſcrit intitulé, *Le Recit de la Vie de la Venerable Mere Loüiſe Vernat, tres-digne Religieuſe de la Viſitation de Sainte Marie*, contenant environ quatre feüilles d'Imprimerie,

Je conſens pour le Roy à la permiſſion requiſe, à Lyon, ce 26. Decembre 1689.

VAGINAY.

PERMISSION.

PErmis d'Imprimer ledit manuſcrit, à Lyon ledit jour que deſſus.

DE SEVE.

VIVE JESUS.

NOS TRES-HONORE'ES, ET CHERES SOEURS.

NOTRE Bon Dieu veüille par ſon infinie bonté remplir vos aymables Cœurs, de l'eſprit ſaint de nôtre Glorieux Fondateur, & nous perfectionner dans la ſainte union qu'il nous a tant recommandée. C'eſt pour la maintenir, nos tres-aymées Sœurs, que nous venons avec empreſſement aſſurer vos Charités de la continuation de nos tres-humbles reſpects, & affectionnés ſervices ; & les ſuplier en même tems de nous obtenir de nôtre Divin Maître, le veritable eſprit de ſolitude, dans laquelle nous allons entrer pour ſatisfaire à nos aymables Loix, & goûter avec plaiſir les eaux Salutaires que le Seigneur répand dans ce ſaint Exercice, où Nous eſperons prendre de nouvelles forces pour nous avancer au chemin de la perfection, qui eſt nôtre plus grand deſir, & de communiquer à vos Charités nos petites Nouvelles qui ſont par la grace de Dieu aſſez bonnes, quoy que mélangées de joye, & de triſteſſe, inévitable en céte vie par les differents évenemens dont elle eſt traversée. Ce qui n'empêche pas que nous ne joüiſſions d'une parfaite paix ſous l'aimable conduite de nôtre tres-Honorée Mere, Anne Seraphique Baconier, la reélection de laquelle a été unanime à céte Aſcenſion derniere : On peut dire de ſa Charité, ſans flaterie, qu'elle poſſede le vray eſprit de Nôtre ſaint Fondateur, ayant toutes les qualités que l'on peut ſouhaiter à une bonne Superieure, ce qui fait que nous vivons parfaitement contentes, ſans aucune communication au dehors, que celle qui nous eſt marquée, trouvant en ſa Charité dequoy ſatiſfaire à nos beſoins Spirituels, & Temporels. Elle nous exhorte continuellement, tant par paroles que par ſes exemples à remplir les devoirs de nôtre ſainte Vocation. Nous y ſommes puiſſamment excitées par la parfaite union qui eſt entre elle, & nôtre tres-Honorée Sœur, nôtre unique Dépoſée, dont le merite. & la vertu nous la rendent fort recommandable, outre les obligations que nous luy avons leſquelles nous n'oublierons jamais. Nous les recommandons à vos ſaintes Prieres, pour qui il plaiſe au Seigneur nous les conſerver toutes deux longues années, pour le bien de nôtre Maiſon. Elles ont grand zele pour le culte Divin, & la Decoration des Autels, encourageant inceſſamment nos cheres Sœurs qui travaillent à la Broderie pour achever nôtre ſécond bel ornement; la Chaſuble ſervit le jour de nôtre ſaint Fondateur, la Féte duquel nous paſſâmes avec toute la Solemnité poſſible, ayant eu la grand' Meſſe chantée fort ſolemnellement par un des Meſſieurs les Comtes de l'Egliſe Cathedrale de ſaint Jean; Les premieres, & ſecondes Vêpres des Confeſſeurs, par Meſſieurs les Perpetuels de la même Egliſe, avec la Benediction du Saint Sacrement, & un tres-beau Panegirique à la loüange de nôtre Glorieux Saint, par le Reverend Pere Micolier Religieux de ſaint Antoine, qui ſatisfit parfaitement ſon Auditoire. Nous n'avons pas paſſé avec moins de ſolemnité celle de la Viſitation, ayant eües une premiere Meſſe chantée en Muſique en ſon honneur par un tres-devot Eccleſiaſtique; Ce qni remplit nos cœurs, d'une tres-ſenſible devot'on pour céte Mere de Grace que nous ſuplions inceſſamment de nous obtenir de ſon cher Fils la Paix tant deſirée, & que par ces puiſſantes interceſſions, elle apaiſe ſa Juſtice irritée contre nous,

& son pauvre peuple acablé de calamité par la rigueur des Guerres, dont nous ressentons ainsi que le commun, les funestes effets, quoy que grace à Dieu, rien du necessaire ne nous a manqué, par une protection toute particuliere de sa Divine bonté sur nous. Ce qui nous engage de plus en plus à mettre toute nôtre confiance au Seigneur, lequel mortifie, & vivifie quand il luy plait, nous ayant tres-sensiblement affligées par les pertes que nous avons fait céte année en la personne de feu Monsieur Corbon, Nôtre tres-digne Pere Spirituel, dont le merite joint à une éminente, & solide Vertu, le faisoit estimer de tout ceux qui avoient l'avantage de le connoître. Nous luy avons en nôtre particulier des tres-grandes obligations, ayant des bontez tres-grandes pour nôtre Maison. Nous luy en aurons des éternelles reconnoissances, nous le recommandons à vos saintes prieres, bien que nous le croyons joüissant de la Gloire, étant mort dans l'odeur de Sainteté, & dans les dispositions d'un Ange; Nos deux tres-cheres Sœurs de qui par l'ordre de nôtre tres-Honorée Mere, nous allons faire le recit à vos Charités qui n'ont pas eu des moindres dispositions. La premiere desquelles est nôtre chere Sœur Marguerite Seraphique Choisity, & la seconde est de nôtre tres-Honorée & precieuse Mere LOUISE CATHERINE VERNAT, la perte de laquelle nous est si douleureuse que nous ne pouvons nous en consoler que dans la seule volonté de Dieu, & nous vous avoüons, Nos tres-aymées Sœurs, que nous ne sommes pas dignes de vous parler de céte grande, & parfaite Religieuse. Et il faudroit des Volumes pour pouvoir vous exprimer les heroïques vertus de céte belle Ame, ce que nous alons faire en abregé, aprés avoir par vos entremises assurés Ma tres-Honorée Sœur la Superieure, vôtre chere Mere, des tres-Cordials Saluts de la nôtre tres-chere, & de nos tres humbles respects, & filiales obeïssances, luy étant comme à vos Charités, d'un attachement tres sincere en l'Amour Sacré de JESUS,

Nos tres-cheres, & tres-Honorées Sœurs,

Vos tres-humbles, & indignes Sœurs, & Servantes en nôtre Seigneur; Les Sœurs de la Communauté de la Visitation Sainte Marie. Dieu soit Beny.

LA VIE DE NÔTRE CHERE SOEUR MARGUERITE SERAPHIQUE CHOISITY.

NOTRE chere Sœur Marguerite Seraphique Choisity étoit native de cête Ville, d'une tres-honorable Famille, Messieurs ses Pere, & Mere voyant qu'ils ne pouvoient point élever des enfans, se resolurent de la mettre ceans. Elle nous fut donnée à l'âge de six à sept ans, fort languissante, & sans esperance de la pouvoir conserver, elle se remit bien-tôt aprés, commençât de s'appliquer à aprendre ce que ses Maîtresses luy enseignoient. On remarquât déslors en elle un bon jugement, un naturel doux & acommodant, ne donnant aucun déplaisir à ces petites compagnes, faisant son possible pour mettre la paix lors qu'elle s'apercevoit de quelques mésintelligences entre elles; Sa Sagesse, & sa modestie la faisoient distinguer parmi elles, même au parloir où Messieurs ses Parens prenoient plaisir de la voir, & entendre, ses raisonnemens tres-justes pour son âge. Elle demandât avec tant d'instance nôtre petit habit que l'on ne luy put refuser céte grace, & quoy qu'elle fût proprement vétuë, elle quitta toutes ces parures de vanité avec tant de generosité, les foulants aux pieds, qu'elle attendrit les cœurs de devotion à celles qui luy virent faire céte sainte action, avec tant de dégagement pour les vanités. Dieu luy donna la vocation Religieuse, elle s'en déclara à Monsieur son Pere, & à Madame sa Mere, qui l'aimoient tendrement, luy firent plusieurs offres afin qu'elle leur donnât la satisfaction de la revoir chez eux, elle les remerciât, & leur témoignât tant de resolution à suivre l'attrait de la grace, qu'ils se soûmirent à la volonté de Dieu. Toutes les difficutée que l'on luy fit, ne luy servirent qu'à l'affermir à sa vocation. Elle prit nôtre saint habit à son âge avec les bonnes dispositions que l'on doit avoir pour céte sainte action : mais Nôtre Seigneur qui veut éprouver les siens par les peines interieures, & exterieures, permit à son ennemi de la tanter sur le sujet de sa vocation, luy en donnant un grand dégoût, & de toutes les saintes Pratiques que l'on y rencontre. Elle s'en découvrit à sa Superieure, & à sa Maîtresse qui luy donnerent des avis necessaires pour tirer le fruit de ces peines, elle s'en servit avec soin, & peu aprés elle se trouvât dans un grand calme, & achevât son Noviciat avec édification. Elle fit la sainte Profession avec ferveur & un grand desir de plaire à Dieu, qui lui fit part de sa Croix par de grandes infirmités qu'elle suportoit avec douceur & patience, ne se plaignant jamais, & ne témoignant aucune repugnande à quoy que l'on lui donnat. Et il est d'autant plus admirable que les peines interieures êtoient toûjours jointes aux exterieures. Elle fut exercée quelque tems par diverses tentations qui la firent souffrir plus que l'on ne peut dire. Sa plus grande peine étoit la frequentation des divins Sacremens à quoi pourtant elle se soûmettoit quand on le lui ordonnoit. Dieu de qui les bontez sont infinies lui donnat une forte inspiration d'avoir recours à la tres-Sainte Vierge à qui elle avoit

voit une devotion ſenſible. Céte Mere de belle dilection ne tarda pas à lui faire reſſentir ſon pouvoir, en lui faiſant la grace de lui donner la paix interieure par une entiere ſoûmiſſion à la volonté de Dieu dans les divers évenemens qui ſe rencontrent dans la vie. Elle êtoit fort adroite à toute ſorte d'Ouvrage, elle s'y apliquât avec tant de ſoin, ſur tout à la Broderie, qu'elle la faiſoit dans la perfection, ſur tout, les Figures de ſoye, ayant une idée toute particuliere. Elle a fait toute celle qu'il a fallu pour nôtre belle Chaſuble, où elle s'ocupoit tout le tems que ſes infirmitez le lui permétoient. Son attrait interieur êtoit à la Paſſion de Nôtre-Seigneur, ce qui lui fut tres-avantageux pour ſuporter avec reſignation les grandes douleurs de coliques dont il l'affligât & qui l'ont conduit à ſa fin qui arriva le dix-neuviéme Mars dernier dans des diſpoſitions ſaintes, aprés avoir reçeu tous ſes Sacrements avec grande preſence d'eſprit, & fait tous les Actes requis à ce dernier paſſage, âgée de 28. ans du rang des Sœurs Choriſtes.

www.ingramcontent.com/pod-product-compliance
Ingram Content Group UK Ltd.
Pitfield, Milton Keynes, MK11 3LW, UK
UKHW020333180726
13839UKWH00002B/703